schwimmen

schwimmen

Ein fröhliches Wörterbuch für alle Wasserratten, Strandlöwen, Quallenfreunde, Froschnaturen, Blei-Enten und Lustmolche in Hallen-, Wannen- und Freibädern.

Von Andreas Götze
mit Zeichnungen von Peter Ruge

Lieber Jürgen,
auf daß Dir nie das Wasser bis zum Hals steht!

Zur Erinnerung an Deinen
Eintritt in die junge Welt

Berlin, 1.10.91

TOMUS

Satz: Fotosatz Weyhing GmbH, Stuttgart
Druck: Dr. Cantz'sche Druckerei, 7302 Ostfildern 1 (Ruit)
Bindearbeiten: Sigloch Buchbinderei, Künzelsau
1 2 3 4 5 95 94 93 92 91
Auflage Jahr
(jeweils erste und letzte Zahl maßgeblich)

ISBN 3-8231-0184-6

... SPASS MUSS SEIN !!

Angel

A

Albatros Liebevolle Bezeichnung für den Schwimm-Olympiasieger Michael Groß, der diesen Namen des Sturmvogels aus der Familie der Röhrennasen nicht aufgrund der Ähnlichkeit der Nasen, sondern wegen seiner enormen „Spannweite" beim Schmetterlingsschwimmen erhielt.

Angel Gerät, an dem man früher des Schwimmens Unkundige zappeln ließ. GutsMuths, der sich Ende des 18./Anfang des 19. Jahrhunderts sehr für den Schwimmunterricht von Schülern einsetzte, kam in Schnepfenthal auf diese Idee: Stock mit 'ner Leine daran und einem Brustgurt, und schon konnte der Zappelphilipp zu Wasser gelassen werden, ohne Gefahr zu laufen, zu ertrinken.

Anschlag 1. Terroristische Attacke gegen den Schwimmlehrer, dem beispielsweise der Gang zur Toilette mittels Schmierseife auf dem gefliesten Boden zu einem umwerfenden Erlebnis gestaltet wird.
2. Typische Handbewegung Richtung Beckenrand, um zu signalisieren: Ich bin schon da!

Anstalt Öffentliches Etablissement im vorigen Jahrhundert, in dem der Badelust gefrönt werden konnte. Populär waren besonders die Flußbadeanstalten, von denen es beispielsweise 1896 in Berlin vierzehn gab. Damals konnte man sich noch in die Spree wagen!

Armkreisen Erwärmungsritual eines jeden Wettkämpfers, das einen tiefenpsychologischen Hintergrund besitzt. Es suggeriert dem Sportler unterschwellig, daß er im bevorstehenden Kampf nicht Don Quichotte, sondern Windmühle ist.

Atemrhythmus

Ständiges Duell zwischen Schwimmtechnik und Selbsterhaltungstrieb. Am gebräuchlichsten ist die Variante, daß auf eine vollständige Armbewegung einmal aus- und eingeatmet wird. Wichtig dabei: Ausatmen unter, Einatmen über Wasser – nicht umgekehrt!

Atemsprints

Übliche Trainingsfolter. Um das Sauerstoffvermögen zu entwickeln, läuft das hochnotpeinliche Verfahren folgendermaßen ab: 25 m Kraul mit sechs Atemzügen, dann jeweils dieselbe Strecke mit drei und mit einem Atemzug. Schließlich ohne zu atmen. Alle weiteren Bemühungen der Trainer, den Schützlingen das Atmen ganz abzugewöhnen, sind bislang erfolglos geblieben.

Auftrieb

Der zweitschönste Trieb, denn er verschafft dem Individuum das Lustgefühl des Schwimmens. Befindet sich der angehende Lustmolch noch im pubertären Stadium, kann er sich sogenannter Auftriebshilfen wie Schwimmkissen u.ä. bedienen. Befriedigt Auftrieb allein nicht mehr, so avanciert der Schwimmer sogleich zum Vortrieb-Täter.

B

Bader

Multitalent des Mittelalters. Der Besitzer einer Badestube (siehe Badstofa) konnte den Herrschaften nicht nur das Wasser reichen, sondern zapfte ihnen auch Blut ab, schnitt Haare und zog Zähne. Ein Handwerk, das – bis auf

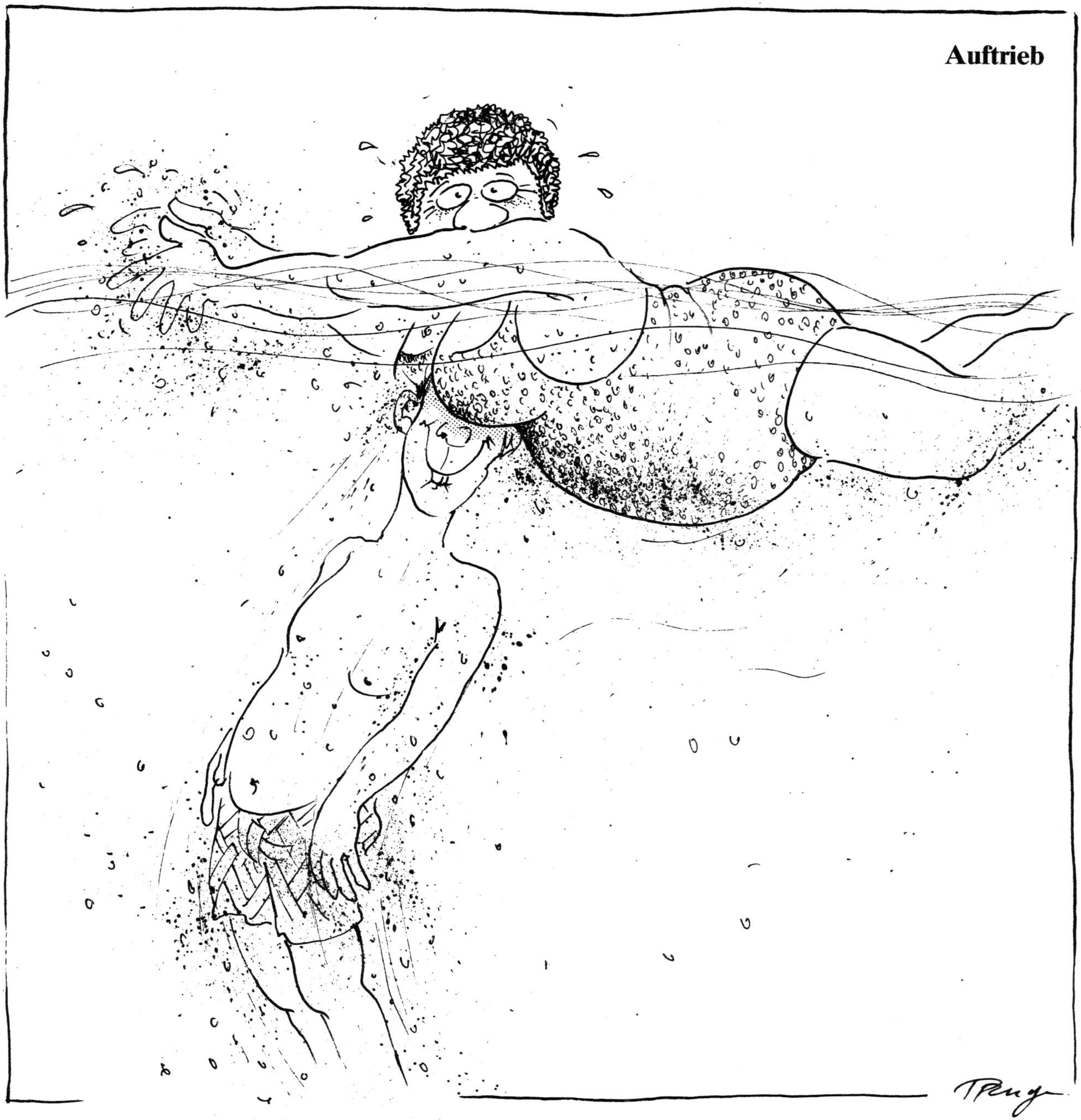
Auftrieb

Bauchklatscher

letzteres vielleicht – heute auch jeder gut ausgebildete Trainer beherrschen muß. Neben seiner Passion als Vater, Mutter, Psychologe und Meistermacher.

Badstofa Als mittelalterliche Badestube getarntes revolutionäres Zentrum, wo Männlein und Weiblein sich nicht nur unkeusch neckten und wild zechten, sondern zum Ärger der Obrigkeit auch „aufrührerisch Reden wider Gott und Kaiser" hielten. Heute übernimmt diese Funktion die Sauna.

Bahn Krasseste Form der Begrenzung individueller Freiheit. Nicht allein, daß die Entwicklungsrichtung des Schwimmers strenger Vorgabe unterliegt, auch einem völlig unpädagogischen Elitebewußtsein leistet die Bahn-Ideologie Vorschub: In den Finals dürfen die Vorlaufschnellsten auf den Bahnen 4 und 3 starten, die -langsamsten werden auf die Außenbahnen verbannt. Nieder mit der Schwimm-, es lebe die Tartanbahn!

Balinea Als die Römer es satt hatten, immer nur im Tiber zu baden, ließ Feldherr Agrippa im Jahr 19 v. Chr. überdachte Badehallen für das einfache Volk einrichten. Balinea hießen solche Vorläufer der Schwimmhallen, die sich bald größten Zuspruchs erfreuten. „In balneis salus" (in den Bädern liegt Gesundheit) lautete damals das Motto, als Pendant zu dem nicht minder bekannten „In vino veritas" (im Wein liegt Wahrheit). Was niemanden hinderte, sich beiden Sprüchen gleichermaßen zugetan zu fühlen.

Bauchklatscher Unvollendeter Kopfsprung mit durchblutungsförderndem Massageeffekt der Bauchdecke. Ein doppelter Bauchklat-

Bäuchlein

scher ist zu verzeichnen, wenn sich ein Augenzeuge am Beckenrand vor Lachen auf die Wanne haut.

Bäuchlein Körperüberhang, am Strand und in Badeanstalten stets einzuziehen, was eine besondere Atemtechnik verlangt – das unbemerkte Hecheln.

Bikini Alibi für Nudisten, die – aus welchem Grund auch immer – ihrem Laster nicht frönen können. Bi- wie auch Monokini sind jedoch im Wettkampfschwimmen nicht zugelassen. Im Interesse der Kampfrichter, die sich auf das Wesentliche ihrer Aufgabe konzentrieren sollen, schreibt die internationale Föderation einen einteiligen, undurchsichtigen Schwimmanzug vor.

Blase

1. Verwandtschaft eines Schwimmers.
2. Schwimmhilfe in grauer Vorzeit, als auf luftgefüllte Tierblasen zurückgegriffen werden mußte.
3. Unterstellung: Der Schwede Arne Borg, der mit 31 Bestmarken zwischen 1921 und 1929 noch immer den Weltrekord der Weltrekorde hält, soll eine gewaltige Blase über seinem Zwerchfell gehabt haben. Mit dieser Anomalie der Organe erklärte man sich die phänomenalen Leistungen des Olympiasiegers von 1928.
4. Oft bedrückende Tatsache, sollte vor dem Schwimmen stets entleert werden.
5. Wasser- oder Blutblase, holt sich ein passionierter Schwimmer, wenn er mal mehr als 500 Meter zu Fuß zurücklegen muß.

Blümchenschwimmen Betont sorgloses Dahingleiten in Rückenlage, nur vorangetrieben durch die Armbewegung. Unter dem Vorwand der Trainingsauflockerung gilt dieses Fußwärtsschwimmen einzig und allein der Kontrolle akkurat geschnittener Zehennägel. Warum gerade Blümchenschwimmen? Wer sich weigert, steigt anschließend mit einem „Veilchen“ aus dem Wasser.

Bremshose Speziell präpariertes Textil für das Krafttraining im Wasser. Bleigürtel und Taschen rundum wirken als künstliche Bremse beim Vortrieb. Was sonst in der Badehose eines Schwimmers noch bremsen könnte, gehört nicht in die Rubrik Trainingshilfsmittel.

Brett Nicht das vor dem Kopf, sondern jenes aus Styropor, zwischen die Beine geklemmt, verschafft Auftriebserleichterung, so daß sich der Athlet aufs Armkrafttraining konzentrieren kann. Schläft er dabei ein, verhindert es gleichzeitig das Ertrinken (siehe dort).

Brille Weniger optisches Hilfsmittel, um den davonziehenden Konkurrenten noch auszumachen; mehr Arbeitsschutzbekleidung, da Chlorwasser die Augenschleimhäute reizt. Daher sprechen Kommentatoren oft von reizvollen Zweikämpfen – Augapfel kontra Chlormolekül.

C

Cäsar Dackel des Bademeisters, der jedem an die Wade geht, der sich als Zaungast unentgeltlich Eintritt ins Freibad verschaffen will. Nicht zu verwechseln mit Julius Cäsar, römischer Feldherr und Kaiser. Er gilt auch als einer der

Brille

ersten Schwimmsportberichterstatter. Sein Reportage-Debüt datiert irgendwann aus den Jahren 58 bis 51 v. Chr. Da vermeldete der Imperator mit dem Stolz eines Wadenbeißers, daß die Batave, die Schurken, sich an der Weser schwimmend vor den römischen Legionen retteten.

Champion Tierisch abgehender Typ, der immerzu Autogramme und Interviews gibt und zwischendurch seinen Fans zujubelt. Champion ist einer dann, wenn die Leute denken, daß er nie mehr verlieren kann. Sollte solch ein Fall wider Erwarten doch eintreten, rutscht Besagter in die gegenteilige Ehrennamen-Kategorie: Blödmann, Eumel, Versager, Nulpe...

Chlorköppe Sammelbegriff für die Gattung Leistungssportler, deren Lebensraum das gechlorte Hallenwasser darstellt (siehe Grünspan).

Comeback So mancher, der vorgibt, seine sportliche Laufbahn beendet zu haben, tritt nach einiger Zeit wieder zum Wettkampf an, um all den anderen zu zeigen, was sie für Pfeifen sind. Gelingt das, spricht man von einem gelungenen Comeback. Tritt das Gegenteil ein, so heißt es: schnell Comeweg!

Commodus Verweichlichter Kaisertyp, der täglich sechs- bis siebenmal in angewärmtem Wasser badete. Seinen Reinlichkeitsfimmel drängte er den Untertanen auf, indem er im Jahr 185 n. Chr. in seinem römischen Reich zahlreiche öffentliche Bäder errichten ließ, sogenannte Thermen. Und wer partout nicht baden wollte, wurde mit einem schimpflichen Ausdruck belegt: Thermosflasche!

Comeback

Creme

Cox, Lynn

Die junge Frau lebt in dem Wahn, alle Meere, Seen und Flüsse dieser Welt durchschwimmen zu müssen. Ihr Erfolg auf dieser (Lang-)Strecke ist bisher recht beachtlich: Die Kalifornierin bezwang als erste Frau die Cook-Straße in Neuseeland, durchquerte die Magalhaes-Straße und den Ärmelkanal, planschte in den Gewässern von Dänemark, Norwegen und Schweden herum, war 1987 der erste Mensch, der sich über 4 km durch die Bering-Straße wagte, und im Jahr darauf gelang ihr als weitere Premiere eine 18 km lange Tour durch den eisigen Baikalsee. Im Juni 1990 schließlich schwamm sie auf einer Distanz von 13,5 km die Spree in Berlin entlang – Symbolik für das friedliche Zusammenwachsen von beiden Teilen dieser Stadt.
Ein Ziel ihres ungewöhnlichen Schwimmdranges hat die 1957 geborene US-Amerikanerin wohl noch nicht in ihren Plänen – die Niagarafälle aufwärts.

Crawlen

Einst in Europa unbekannte Schwimmtechnik (sprich: kraulen), mit der 1906 der Australier Cecil Healy in der Mundsburger Schwimmanstalt zu Hamburg für erhebliches Aufsehen sorgte, auch durch seinen 100-m-Weltrekord von 1:07,1 min. Crawl heißt im Englischen kriechen, schleichen. Eigentlich völlig unzutreffend, es sei denn, daß ein Schwimmer nach durchzechter Nacht ins eheliche Schlafgemach crawlt.

Creme

Unabdingbare Zutat für ein paniertes Schnitzel à la Sonnenanbeter. Man nehme zwei Pfund „Nieweha“, verreibe sie gleichmäßig auf dem gut abgelagerten rosigen Fleisch, wälze das ganze mehrmals in feinkörnigem Karibiksand

Damenbad

und lasse es anschließend im UV-Wellenherd ausgiebig schmoren. Eine Delikatesse von wahrlich unschätzbarem Wert für Haie!

D

Damenbad

Das war noch Romantik: Jahrzehntelang mußten Männer durch Bretterritzen linsen, wollten sie das Fräulein Helen baden seh'n. Denn gemeinsames Planschen von Männlein und Weiblein galt schlechthin als unmoralisch, weshalb separate Damenbäder entstanden. 1774 richteten die Behörden zwar in Frankfurt/Main die erste deutsche Flußbadeanstalt für Frauen ein, doch da eine Alice Schwarzer noch nicht in Sicht war, ließ die Emanzipation der schwimmenden Weiblichkeit lange auf sich warten. Bis Ausgang des 19. Jahrhunderts standen Damen-Schwimmveranstaltungen sogar noch unter Polizeiaufsicht. Da kam wenigstens der Schutzmann auf seine Kosten.

Dardanellen

Im Gegensatz zu Salmonellen, Frikadellen und Dauerwellen handelt es sich dabei um die von einem Dichter nicht nur besungene, sondern auch bezwungene Meerenge zwischen der Balkanhalbinsel und Kleinasien. Seine Lordschaft George Gordon Byron durchschwamm am 3. Mai 1810 die anderthalb Kilometer lange Strecke von Sestos nach Abydos in 70 Minuten, womit der britische Romantiker als Pionier des Langstreckenschwimmens gelten kann.

Delphinsprünge

Hüpfer, mit denen Kinder im flachen Wasser den Delphinarmzug lernen sollen. Wer's nicht begreift, wird zum Anschauungsunterricht ins Delphinarium geschickt.

Deutscher Schwimmverband

Ein Deutscher ist allein, zwei Deutsche sind ein Verein, und zwei Vereine brauchen einen Verband. Dieser Logik folgend wurde am 8. August 1886 im Hotel Brandenburg zu Berlin der „Deutsche Schwimmverband“ (DSV) gegründet, und fortan brauchte man nicht mehr neidisch auf die Turner zu sein, die sich schon 18 Jahre zuvor einen Verband angelegt hatten.

Dover – Calais

Hochfrequentierte Pendelverkehrsroute, auf der schon unzählige Wagemutige ihren Langstrecken-Befähigungsnachweis erwarben. Der erste war Captain Matthews Webb, der am 24. August 1875, dick mit Fischtran eingeschmiert, die Meerenge zwischen Großbritannien und Frankreich in Angriff nahm. Nach 21 Stunden und 45 Minuten konnte er seinen Triumph über den Ärmelkanal mit Brandy und Tee feiern, rund 73 Schwimmkilometer (Strömung!) lagen hinter ihm. Der damals 27jährige ertrank acht Jahre später bei dem Versuch, die Niagarafälle zu durchschwimmen. Also leider kein Mann für alle Fälle.

Dreieckbadehose (DBH)

Gelungener Versuch der Haute Couture in den fünfziger Jahren, mit einem minimalen Aufwand an Stoff maximalen Erfolg zu erzielen. Dieser Vorläufer des Tanga, aus rustikalem Leinenstoff gefertigt und auffallend anspruchslos in Schnitt und Verarbeitung, besaß den enormen Vorteil eines seitlichen Knopfverschlusses, weshalb die DBH im Undercover-Verfahren höchst moralisch an- und ausgezogen werden konnte. Die zunehmende Popularität der Freikörperkultur stürzte die DBH in den wirtschaftlichen Ruin.

Deutscher Schwimmverband

Durchhalteparolen Oft als bloße Anfeuerung mißverstandene Lautgebung vom Beckenrand wie hopp, hopp, hopp! oder hej, hej, hej!, im Bedarfsfalle auch zieh, zieh, zieh! Der Aktive weiß diese marktschreierischen Texte richtig einzuordnen – als verdeckte Hinweise auf den im Fall eines Sieges zu erwartenden Kontostand.

Dusche Gehässiges Bild für den Rückstand des Letzten im 1500-m-Wettbewerb zum Sieger: Als X anschlug, war Y schon unter der Dusche.

E

Ederle, Gertrude Couragierte Schwäbin, die sich 1926 als erste Frau schwimmend durch den Ärmelkanal wagte (siehe Dover – Calais). Die Olympiasiegerin von 1924 und elffache Weltrekordlerin benötigte für die Distanz nur 14 Stunden und 32 Minuten. Ob mit Rückenwind, ist nicht überliefert.

Eierlöffelschwimmen In spielerischer Form, analog dem Eierlaufen, werden die Azubis auf ihre berufliche Tätigkeit in schwimmenden Restaurants vorbereitet. Die weitere Qualifikation erfolgt über das Wachteleierlöffel- und Austernzangen- bis zum Schildkrötensuppenkellenschwimmen.

Eisbaden Feinfrost-Exhibitionismus von coolen Typen, die um gesellschaftliche Anerkennung buhlen unter dem Vorwand, sich abhärten zu wollen. Wirklich abgehärtet ist

Eisbaden
...WAS SOLL DAS? ICH DACHTE SIE HÄTTEN MITTAGSPAUSE
JA, CHEF!
EIS

dagegen einer, der auch bei 35 Grad Wassertemperatur noch nicht schwitzt (siehe Tropenklima).

Ende

1. Eines Wettkampfes, wenn nach 50, 100, 200, 400, 800 oder 1500 m keiner mehr weitermachen will.
2. Eines Schwimmers, der bei der Atlantik-Überquerung einen Krampf bekommt und kein Begleitboot in der Nähe ist.
3. Ein Druckfehler. Ender, Kornelia war vor Kristin Ottos sechsfachem Olympiatriumph 1988 die erfolgreichste Schwimm-Olympionikin. Die Hallenserin gewann 1972 und 1976 vier Gold- und vier Silbermedaillen und beschloß danach, ihrem Namen ein Ende zu setzen. Seit der Heirat mit einem Bob-Weltmeister heißt sie Grummt.

Ente

1. Bleierne: Tierisches Kompliment für Stil und Geschwindigkeit eines Schwimmers. Ausschließlich weibliche Form der Anerkennung, da „bleierner Erpel“ nicht bekannt.
2. Falschmeldung, wie die 1973, als eine große Tageszeitung den Gilbert-O’Sullivan-Titel „Matrimony“ als Hommage an den vierfachen Olympiasieger Roland Matthes auffaßte. Doch die vermutete Textzeile „You and me and Roland Matthes, we are the greatest of the world“ entpuppte sich dann bei akkurater Übersetzung als ein Hörfehler. Von Roland Matthes war gar nicht die Rede. Der Wunsch war der Vater der Ente.

Ertrinken

Tödlicher Irrtum eines Nichtschwimmers, der denkt, er könne schwimmen. Früher weit verbreitet, was einst auch GutsMuths (siehe Angel) stöhnen ließ: „Bisher ist das Ertrinken Mode gewesen, weil das Schwimmen nicht

Ente

Mode ist ...“ Fortan zeigte sich GutsMuths hinsichtlich des Ertrinkens als Modemuffel.

Extremitäten Je länger, desto besser für das persönliche Fortkommen (siehe Albatros).

F

Faustschwimmen Trainingsmethodische Raffinesse zur Technik- und Kraftschulung aus der Schublade „praktische Lebenshilfe“: Gesicht und Hände zur Faust geballt, den Konkurrenten nicht aus den Augen lassend, bereit, im passenden Moment zuzuschlagen. Als Unterrichtshilfe gleichfalls gut geeignet: Ellbogen- und Fußtrittschwimmen.

Fehlstart Geradezu idealer Start, der lediglich von den Kampfrichtern nicht akzeptiert wird, weil sie ihre Autorität untergraben sehen. Denn erst beim Schuß darf die Post abgehen. Im Gegensatz zum Früh- ist im Training allgemein ein Spätstartphänomen zu beobachten.

FINA Stellen Sportler fest, daß ihr Hobby in mehr als zwei Ländern betrieben wird, gründen sie flugs einen internationalen Verband. So taten das 1908 die Schwimmer und nannten ihn kurz und knapp Fédération Internationale de Natation Amateur. Gesellige Vereine gaben in ihrer Satzung diesem Kürzel eine warnende Bedeutung: Für Individualisten nicht angenehm.

Extremitäten

FKK

FKK	Abkürzung für Flotte-Körper-Kolonie. Begrenztes Gebiet, das den Herren der Schöpfung als Muster-Messe dient für ihre ästhetischen B-dürfnisse: Bauch, Busen, Body-Styling. Angesichts der nackten Tatsachen kann auf Schwimmen und Baden weitgehend verzichtet werden.
Flossen	Uncharmante Bezeichnung für zu groß geratene Füße. Da sich aber mit zu kleinen schlecht paddeln läßt, bedient man sich gelegentlich mittelgroßer Gummi- und riesengroßer Kunststoffprothesen und nennt sich folgerichtig Flossenschwimmer. Die Aufforderung „Nimm die Flossen vom Tisch!“ muß also nichts Drohendes an sich haben.
Friesen	Nicht die Ost-, sondern Karl Friedrich. Er war für das Schwimmen das, was Jahn für das Turnen war – eine Vaterfigur. Der Magdeburger gründete 1811 eine der ersten Berliner Schwimmanstalten.
Frosch	Vorbild eines jeden Schwimmers, da der grüne Flutschi einen perfekten Bruststil pflegt. Die Ermahnung „Sei kein Frosch!“ kann deshalb als geschäftsschädigend betrachtet werden.
Fußpilz	Ein Schwimmer hat Mut, was hat der zweite? – Fußpilz. Denn jeder zweite juckt sich mit dieser Hautkrankheit durchs Badeleben. Pilzesuchen gilt demzufolge in diesen Kreisen als unanständig.

Gänsehaut

G

gammeln	Fachausdruck für lustloses Trainieren, kann universell auf alle Lebensbereiche übertragen werden. Nur einer gammelt nie – der Trainer!
Gänsehaut	Kinder frieren beim Baden grundsätzlich nicht und können deshalb nur mit einem Lasso aus dem Wasser geholt werden. Auftretende Hautverrunzelungen (einhergehend mit Schüttelfrost und Blaulippigkeit) sind nur Ausdruck des stillen biologischen Protestes gegen solcherart Zwangsvorführung.
Geist	Warum machen die Ostfriesen beim Sporttreiben immer so ein finsteres Gesicht? – Sie haben Angst vorm olympischen Geist... Er beherrscht ja auch alle Wettkämpfe. Insofern ist jegliche Art von Geist, der mit einem Schwimmer in Verbindung gebracht wird, die pure Übertreibung. Sagen Lästermäuler.
Germanen, die alten	Soffen und fraßen nicht nur ständig, sondern beherrschten auch ausdauernd die Kunst des Schwimmens, sogar – wie Abbildungen belegen – den Kraulstil. Im ältesten deutschen Heldengedicht, dem Beowulf, wird ein Wettschwimmen zwischen Beowulf und Brecca geschildert, das in Gotland beginnt und erst nach fünf Tagen und Nächten unentschieden endet. Denn Beowulf landete in Norwegen und Brecca in Finnland. Kann ja mal vorkommen.
Glaspons	Als die Engländer von ihrem Fußball erstmal die Nase voll hatten, versuchten sie, diesem Spiel im Wasser neuen Reiz

abzugewinnen. Doch da es mit dem Hackentrick gewisse Probleme gab, ging man zu dauerhaftem Handspiel über – das „Waterpolo“ war geboren. 1869 fand in der englischen Stadt Glaspons das erste Wasserballspiel der Geschichte statt.

Glatze

Bewußt runderneuerter Teil des Kopfes, der durch seine glänzende Aerodynamik zu glanzvollen Zeiten verhelfen soll. Diese auch als Kojak-Syndrom bekannte Kahlschlagpolitik kann als eine Art Religion betrachtet werden, da nur den Werten Glaube und Hoffnung verpflichtet.

Greifstart

Damit sie nicht so oft ins Wasser fallen, kamen die Schwimmer eines Tages auf die Idee, sich in gebückter Startstellung mit den Händen festzuhalten. Die Schwierigkeit besteht seitdem aber darin, beim Startschuß auch rechtzeitig loszulassen.

Grünspan

Kosmetische Extravaganz bei Blonden und Blondinen, denen eine ausgiebige Spülung mit gechlortem Hallenwasser einen dezenten Grünschimmer ins Kopfhaar zaubert. Farbecht, solange man sich nicht wäscht.

H

Hallenbad

Erfindung der Frostbeulen, damit weder Wolkenbrüche noch Eisschollen ihr Schwimmerlebnis trüben. Die Wiener müssen besonders verzärtelt gewesen sein, denn 1824

Glatze

... BLÖDE ZIEGE!
»AUCH MIT GLATZE MÜSSEN SIE EINE BADEMÜTZE TRAGEN«!
... KANN'SE HABEN!

entstand mit dem Dianabad die erste Halle in Europa. 1855 zog Berlin nach.

Hero und Leander

Klassisches Liebespaar der griechischen Sage, das erst miteinander schmusen konnte, wenn der olle Leander sein Trainingspensum absolviert hatte. Der Hellespont (siehe Dardanellen) trennte nämlich die beiden, und so schwamm allnächtlich Leander ans europäische Ufer zu seiner Angebeteten. Solange, bis eines Nachts die von Hero als Wegweiser aufgestellte Laterne im Sturm erlosch und er jämmerlich ertrank. Die Moral: Im Dunkeln schwimmen ist ungesund.

Herrenschwimmer

Der Amateurparagraph in der Satzung des Deutschen Schwimmverbandes von 1887 lautete: „Herrenschwimmer ist, wer Schwimmen, Springen und Tauchen aus Liebhaberei betreibt, keinerlei Vermögensvorteile dabei im Auge hat..." Ergo: Man kann wohl davon ausgehen, daß der Herrenschwimmer ausgestorben ist.

Hexenprobe

Einst populäre Methode, um vom Satan besessene Frauen zu identifizieren. Derart Beschuldigte wurden zwecks genauerer Feststellung des Sachverhalts an Händen und Füßen gefesselt ins Wasser geworfen. Ertranken sie, so hatten sie nach Auffassung der Kirche ihre gerechte Strafe erhalten. Ertranken sie erstaunlicherweise nicht, so war das der Beweis, daß sie mit dem Teufel im Bunde standen, und sie wurden verbrannt. Wasser oder Feuer – auf jeden Fall eine todsichere Prüfung.

Hindernisschwimmen

Wie Hindernislauf, nur daß Tonnen, Boote oder Stangen den Weg versperren, wie bei den Olympischen Spielen

Herrenschwimmer

Hundepaddeln

1900 in Paris. In der Gegenwart wird diese Disziplin nur noch in überfüllten Strandbädern betrieben.

Hochzeit — Im Mittelalter war es Sitte, in Badestuben Feten ausklingen zu lassen, ganze Hochzeitsgesellschaften verlustierten sich bei Wasser und Wein. Man nannte das „verbaden". Heute sagt man Orgie.

Hüftschwung — Er wird den Teenies vom Trainer für die richtige Brust- und Delphintechnik eingepaukt. Gilt bei Mädchen gleichzeitig als Befähigungsnachweis für den Bauchtanz-Grundkurs.

Hundepaddeln — 1. Kajakdisziplin der Dobermänner.
2. Form des Überwasserhaltens an Hundstagen.

I

Ideallage — Schwimmen ohne Wasserberührung. Gehört jedoch zur Kunstform Magie.

Ideallinie — Körperproportionen, bei denen der Schwimmer sich vorsehen muß, daß er nicht durch den Beckenabfluß gespült wird.

Idiot — Einer, der beim Startschuß beide Hände hochreißt mit dem Ruf: „Ich ergebe mich!"

Imitationsübung — Methode der Grundausbildung, mit der wichtige Bewegungsabläufe im Schwimmsport für den Ernstfall geprobt werden. Zum Beispiel das richtige Befeuchten der Schwimmbrille und im Falle eines Sieges das triumphierende Emporrecken der Faust mit anschließendem Schlag ins Wasser.

Indianerschwimmen	Beliebter Gaudi-Stil in jeder Kindertrainingsgruppe: Einem Brustkraul- folgt nach einer halben Drehung ein Rückenkraularmzug, erneut Drehung, Brustkraul und so weiter. Die einfache Variante: Schwimmen mit 'ner Feder im Haar.
individuell	Gutklingende Bezeichnung für eigenverantwortliches Trainieren, von den Aktiven stets begrüßt (siehe gammeln).
Insider	Sie wissen von jeder Zwischenzeit messerscharf auf die Endzeit und auf einen eventuellen Rekord (siehe dort) zu schlußfolgern. Zu den I. gehören in erster Linie Fernsehreporter, die – wie bei einem 200-m-Lagen-Wettbewerb – unter anderem solche unvergessenen Sätze prägten: „Und nach der Rückendistanz wickelte Schwimmerin X auch zu aller Zufriedenheit ihre 50 Meter Brust ab."
Intelligenz	Nicht Bedingung fürs Schwimmen, kann aber auch nicht schaden. Die Gefahr besteht, daß der I.-Quotient sich indirekt proportional verhält zur Aufenthaltsdauer im Wasser, was mit dem Aufweichen der kleinen grauen Zellen zu tun hat.
Irrglaube	Liegt dann vor, wenn einer, der in gutem Glauben an die Wassertiefe vom 10-m-Turm springt, das Schild „Heute Beckenreinigung" übersehen hat und so schlagartig mit der harten Realität konfrontiert wird.

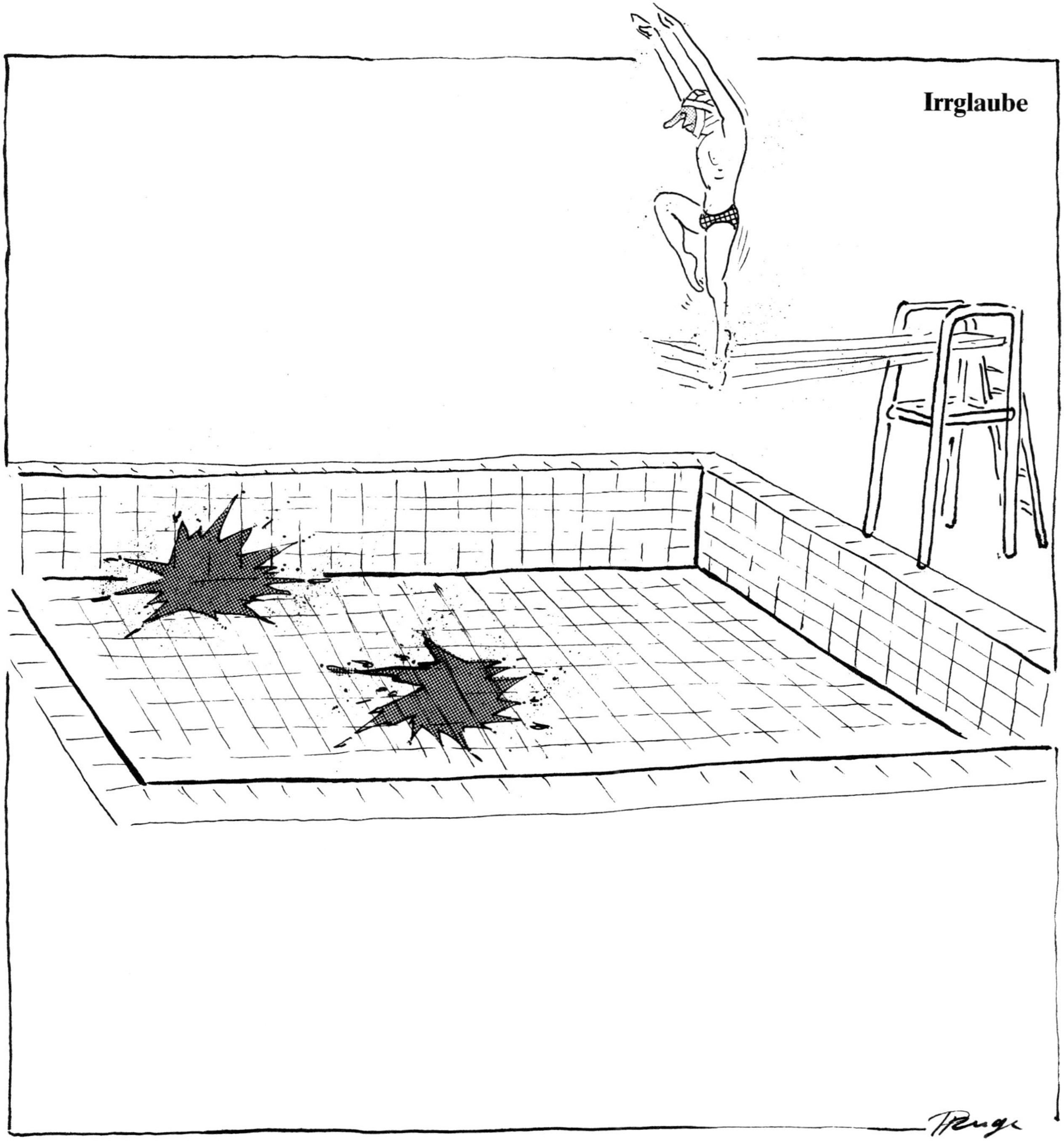
Irrglaube

Jagdfieber

J

Jagdfieber Krankhafter Zwang, im 200-m-Freistilwettbewerb den zwei Bahnen Vorsprung besitzenden Konkurrenten noch einholen zu wollen. Nicht zu verwechseln mit Lampenfieber. Das ist der krankhafte Zwang, seinen Namen als ersten auf der Leuchttafel erscheinen sehen zu wollen.

Jahresweltbestleistung Kalendarische Rekordmarke von vorübergehendem Wert. Das Patentrezept für jedermann: Am 1. Januar gegen 0.05 Uhr mit seinen Silvestergästen eine 4 x 100-m-Freistilstaffel schwimmen, und schon kann man das stolze Gefühl eines Jahresweltbesten auskosten. Wenn einem keiner zuvorkommt.

Joghurt Eiweißprodukt, das Schwimmer zwar nicht schneller macht, aber auch nicht dicker. Was der Grund ist, daß es an Sportschulen als Hauptnahrungsmittel eingestuft wird. Junge Mädchen, die sich ausschließlich davon ernähren, erhalten den Ehrentitel Joghurette.

Jordan 1. Olga Jensch-J., deutsche Wasserspringerin, die 1932 und 1936 Olympia-Vierte bzw. -Fünfte im Kunstspringen wurde, 1931 und 1934 die Europameistertitel gewann und noch als Mittsiebzigerin und Uroma bei den Altersmeisterschaften in der DDR ihre Salti vom Brett vorführte.

2. Jenseits-Metapher in einer saloppen Redewendung bedeutungsschweren Inhalts, die nicht selten als Paradoxon auftritt: Beim Durchschwimmen des Nils ging er übern Jordan.

Journaille Liebevoll-innige Bezeichnung der Schwimmer für hartnäkkige Vertreter eines Berufszweiges, die den Stars bis unter die Dusche hinterherlaufen, um zu fragen, warum der- oder diejenige nicht noch schneller konnte.

Jugendsünde 17jähriger Teenager himmelt braungebrannte Don-Johnson-Kopie von Bademeister an. Bleibt es beim Anhimmeln, ist der Tatbestand der Sünde erfüllt.

Jury Quantitativ stärkste Mannschaft in einem Wettkampf: Schiedsrichter, Starter, Startvorordner, Zeitnehmer, Zielrichter, Wenderichter, Obmänner, Protokollführer... Ihr Credo: Die J. hat immer recht.

K

Kabuff Umkleidekabine mit den ästhetischen Anti-Attributen eng, stickig, vermieft. Je enger, stickiger, vermiefter, desto gemütlicher.

Kakerlaken Possierliche Krabbeltierchen und Liebhaber feuchtwarmen Klimas, die als Hausgenossen in fast jeder Schwimmhalle anzutreffen sind. Renitente Burschen machen sich einen Jux daraus, sie unter den Sohlen knacken zu lassen, nachdem jegliche Dressurversuche (Männchenmachen und Duschraum-Kurzsprint) an den zwar nutzlosen, aber störenden Unterbrechungen durch Kammerjäger gescheitert sind.

Kanone Die militante Startschußzeremonie besitzt eine schöne Tradition. Bereits 1896 bei den I. Olympischen Spielen in

Jury
... SO, IHR KLUGSCHEISSER...
...BESSER MACHEN... AUF... HOPP
...LOS... SPRINGEN!
JURY

Athen wurde beim 1200-m-Wettbewerb, der in einer Bucht bei Piräus stattfand, eine Kanone von einem Boot aus abgefeuert, damit der Start am Ufer von den Zeitnehmern auch registriert werden konnte. Aus Rücksicht auf die Zuschauer nahm man fortan in den Hallen mit einer Pistole vorlieb.

Kapitän Wird von jeder Mannschaft gewählt, damit diese dem Trainer auf ganz demokratische Weise mal richtig die Meinung sagen kann. Der Coach wiederum ist froh, daß er einen hat, der seine Anweisungen der Truppe plausibel macht. Womit die Funktion eines K. klar ist: Wechselsprechanlage.

Kok, Ada Holländische Schmetterlings-Olympiasiegerin 1968 – einzige Schwimmerin von Weltklasse, deren Vor- und Nachname Palindrome sind (vor- und rückwärts zu lesen).

Koordination Ist die Kunst, völlig gegensätzliche Bewegungen der Arme und Füße auszuführen, ohne sich zu verheddern. In den 30er Jahren wurde ein Stil Mode, der vorn nach Delphin und hinten nach Brust aussah. Weder Fisch noch Frosch. Mit der Erfindung des Delphin-Beinschlags kam man später wieder davon ab, denn Koordination geht vor Konfusion.

Kopfweitsprung Wohlgelittene Wettkampfform bei schon etwas beleibteren Damen und Herren. Gefragt sind Puste und torpedohaftes Gleitvermögen unter Wasser, denn dort, wo der Haarschopf auftaucht, wird vermessen. Der Olympiasieger 1904 schaffte 19,05 m.

Kopfweitsprung

Krampf
...ER IST WEG! DER KRAMPF IST WEG! WEG! WEG!

Krampf Protest der Muskelgewerkschaft bei totaler Überarbeitung, kann bis zum Generalstreik führen. Was besser an Land passiert, da sich der Arbeitgeber (Gehirn) da nicht noch aufs Überwasserhalten konzentrieren muß (siehe Ende).

Kreislauf Barometer des Fitneßzustandes eines Sportlers. Entgegen der alten Volksweisheit „Treib Sport oder bleib gesund" gehört zu einem gesunden Kreislauf meist auch ein gesunder Mensch. Und wenn Sportärzte eine Schwäche dafür haben, alle naselang das Herz- und Gefäßsystem zu checken, dann spricht man von der sogenannten Kreislaufschwäche.

Kurzbahnkarussell Journalistisches Synonym für Wettkämpfe im 25-m-Becken. Die dort erforderliche doppelte Anzahl von Wenden animierte zu dieser Wortschöpfung – eine drehwurmstichhaltige Begründung.

Kurze machen Jargon für Kurzsprints von wenigen Metern, um Wenden oder den Anschlag zu üben. „Lange machen" dagegen gibt's nicht, nur Langmachen, um vor dem Konkurrenten anzuschlagen.

L

Lagenschwimmen Volkstümliche Variante einer 200- und 400-m-Disziplin, bei der der Langsamste im Training für die Sportkameraden eine Lage (Bier und Korn) auszugeben hat. Vereine, die bahnbrechend mit solchen Stimuli arbeiteten, besaßen erstaunlicherweise im Wettkampf größere Probleme (siehe Schluckauf).

Latschen

1. Badepantoletten, mit denen der Hallen-Dauergast lauerndem Fußpilz (siehe dort) aus dem Wege geht.
2. Betont lässig und desinteressiert wirkende Gangart des weltgewandten Athleten, um a) den Konkurrenten ob soviel Kaltblütigkeit Furcht einzuflößen und b) über den wahren, erbärmlichen Seelenzustand hinwegzutäuschen.

Lehrbuch

Wenn jemand meint, er weiß alles besser, schreibt er ein Lehrbuch. Das tat erstmals 1538 der Ingolstädter Universitätsprofessor Nicolaus Wynman. Gegen Vorurteile und Verbote der Kirche lobpreiste er das Schwimmen als vorzügliche Körperübung, woraufhin seine „Kunst des Schwimmens“ als ketzerisches Machwerk auf den Index kam.

Leine ziehen

Trick beim Rückenschwimmen, indem der Gewitzte sich mit der einen Hand an der Bahnbegrenzungsleine entlangzieht. Wird er erwischt, ist die Aufforderung „Zieh' Leine!“ dann im volkstümlichen Sinne als Rausschmiß zu verstehen.

LEN

Da die FINA (siehe dort) nicht genügend Funktionären repräsentative Pöstchen zur Verfügung stellen konnte, wurde 1927 eine europäische Föderation gegründet, die Ligue Européenne de Natation. Neider behaupten dagegen, LEN sei die Abkürzung von „lebenslang ein Nebenverdienst“.

Latschen

Luft

Libysche Wüste	Gar nicht so trockene Gegend, immerhin stammen von da Felszeichnungen aus dem 4. Jahrhundert v. Chr., die als älteste Darstellung des Schwimmens gelten. Zweifellos aus Ehrfurcht vor diesem steinernen Zeugnis der Weltgeschichte belehrt noch heute so manch verärgerter Trainer seinen Schützling mit den Worten: „Schwimm' schneller, oder ich schick' dich in die Wüste!"
Luft	Nichts weiter als ein Gasgemenge, zumeist kostenlose Beigabe in Matratzen, Kissen, Schwimmblasen und -ringen. Ergo: Luft ist ein wesentliches Auftriebsmittel, meist sogar von umweltfreundlicher Konsistenz. Was selbst in schlecht belüfteten Hallen festzustellen ist, wenn während des Schwimmunterrichts beim kurzzeitigen Verschwinden des Lehrers der Ausruf ertönt: „Action, Leute, jetzt ist die Luft rein!"

M

Manschetten	Luftgefüllte Schwimmhilfe für Anfänger, die an den Oberarmen befestigt wird. „Manschetten haben" dagegen bezeichnet einen gewissen Angstzustand, in den der Nichtschwimmer versetzt werden könnte, würden aus Versehen die Manschetten am Fußgelenk befestigt.
Marathondistanz	In der Sportberichterstattung übliches Synonym für die 1500 m Freistil. Beim Start zu dieser 15minütigen Konkurrenz erheben sich stets die Sportjournalisten. Nicht aus Ehrfurcht, sondern um Kaffee trinken zu gehen.

mauern	Wie im Skat: das wahre Leistungsvermögen geschickt verbergen. Ständige „Maurer" im Training stehen bald auf dem Trockenen.
Medaillenstreit	So wurde Ende des vorigen Jahrhunderts eine Meinungsverschiedenheit hinsichtlich der unterschiedlichen Auffassungen vom Charakter des Schwimmens bezeichnet. Die einen wollten eine Art Leistungssport mit Rekorden, Medaillen und Siegerpreisen, die anderen plädierten für das „volkstümliche" Schwimmen und meinten, übertriebene Ehrungen würden das Berufsschwimmertum fördern. Heute geht der M. nur noch um Gold, Silber oder Bronze.
Mehrkampf	Form der Selbstquälerei durch die Kombination von Disziplinen. So gab es zwischen 1896 und 1934 Deutsche Meisterschaften in einem M. aus Schwimmen, Springen und Tauchen. In der Gegenwart gehören zum M. die Lagendistanzen mit Schmetterling, Rücken, Brust und Freistil sowie der Poker um die besten Werbeverträge.
Meile	Einzige Wettkampfstrecke (1609,34 m), die bei den ersten Deutschen Meisterschaften auf dem Programm stand. Nach dem Verschwinden des englischen Maßsystems (siehe Yard) blieb die M. der sportlichen Menschheit als eine Art symbolische Distanz erhalten. So kennen wir die Friedens-, die Sportfest-, die Schlemmer-, die Bummel- und auch die Sündenmeile (von St. Pauli).
Muskelprotz	(Homo sapiens protzensis). Vorwiegend in Freibädern und an Stränden anzutreffende Gattung von Zweibeinern, die mittels ihrer überdimensionalen längs- und quergestreiften

Medaillenstreit
SIEGER

Nahkampf

Faserpakete Minderwertigkeitskomplexe zu unterdrücken versuchen. Äußert sich in machohaftem Imponiergehabe gegenüber dem weiblichen Geschlecht. Sind in freier Wildbahn selten schwimmend zu beobachten, da sie sich vor Aufweichungserscheinungen ihrer Fleischwülste fürchten.

Mutprobe 1. Die zumutbare: Ein Leistungssportler soll in einem Krokodilbassin 50 m Freistil schwimmen.
2. Die unzumutbare: Das Wasser ist dabei nur 20 Grad warm.

N

Nahkampf Mannhafte Form der Auseinandersetzung in Wasserballerkreisen, die sich vorwiegend unter der Oberfläche abspielt. Auch Zwickel-Zwickmühle genannt.

Nasenbär Uncharmante Bezeichnung für eine Synchronschwimmerin, die sich mit einer Nasenklammer den Unterwasseraufenthalt erleichtert.

Naß 1. Gewöhnliches: Zur Verwunderung aller Schwimmer ist Wasser gleichbleibend naß, weshalb sie sich beim Wettkampf vor dem Start stets vorsichtig anfeuchten, um sich an diesen unerquicklichen Zustand zu gewöhnen.
2. Kostbares: Wird in Gläsern ausgeschenkt und zum Begießen von Siegen verwendet. Zur Not tun's auch Niederlagen.

Neptun	Dreizackbewehrter Alter, der dem ersten deutschen Schwimmsportverein 1878 in Berlin seinen Namen gab. Neptunfeste in Frei-, Strand- und Hallenbädern gehören zu Deutschlands schönsten kultischen Bräuchen.
Nervenflattern	Kennt kein Spitzensportler, der 'was auf sich hält. Bei anderen äußert es sich eventuell darin, daß einer beim Kommando „Auf die Plätze!“ beruhigt zu seinem Stuhl zurückgeht.
Neugier	Aus Sportlersicht: „Nach dem Wettkampf strotzen alle vor Wißbegier. Der Trainer will wissen, warum ich nicht schneller geschwommen bin, der Reporter, wo ich die paar Hundertstel zum Weltrekord verloren habe, und meine Mutter, warum ich unterwegs den Hauptkampfrichter nicht gegrüßt habe. Muß ich denn alles wissen!!!“
Nichtschwimmer	Jene Elite von maritimen Fahrensleuten, die es sich noch zur Ehre anrechnet, im Falle eines Falles keinen entwürdigenden Überlebenskampf mehr führen zu müssen. Der Americas-Cup-Gewinner im Segeln, Dennis Conner (USA), gehört dazu.
Nixe	Aufgrund ihrer Anatomie ideale Delphinschwimmerin, die bei Olympischen Spielen zwar nicht in der Qualifikation, jedoch beim Sextest hängenbleiben würde. Nach Neptuns Haremsdame nannte sich 1893 der erste deutsche Damenschwimmverein: „Nixe Charlottenburg“.

Nichtschwimmer

O

Oberwasser Etwas, das ein gedemütigter Schwimmer immer wieder kriegen muß, und sei es nur in Form eines Mineralbrunnens, den der Kellner serviert.

obszön Sprich: obschöööön. Unanständig aufreizendes Benehmen junger Schwimmerinnen im Beisein galanter Herren. Zum Beispiel, wenn sie schneller schwimmen als diese. Früher konnte das nicht passieren, da mußten die Damen in langen, faltigen Gewändern ins Wasser, um sich „vor dem Gelüst teuflischer Blicke zu bewahren". Und als Gipfel der Unanständigkeit galt das Schwimmen in der Rückenlage. Aus Rücksicht vor der Bauchsicht-Draufsicht?

Odysseus Leistungssportler der Antike, der sich so mancher Gefahrensituation in seiner zehnjährigen Laufbahn schwimmend entwand. Ein Chronist namens Homer ging zwar in seinen Schilderungen nicht ausdrücklich auf die Stilart ein, doch gilt als verbürgt, daß sich O. in profaner Bauchlage fortbewegte, da ein zeitgeschichtlicher Fund aus einem Grab in Mykene einen Brustschwimmer zeigt. Nach O. benannt ist der Weg eines Talents vom Kindergarten bis zum Olympiastützpunkt.

Ohrenstöpsel Erste-Hilfe-Ausstattung für Trainer, die das Gejammer ihrer Schützlinge über die verschiedensten Wehwehchen nicht mehr hören können.

Organ 1. Fünflappiges, das in seiner Anlage der Schwimmblase der Fische entspricht und über ein gewisses Volumen

Ohrenstöpsel
....NACHTS BADEN!! ......NEIN, DIESE NACHBARN GEHEN MIR SOO AUF DEN GEIST, ... WO SIND DIE...

Orthopäde

verfügt. Davon wird nicht unmaßgeblich die Kondition des Sportlers bestimmt. Macht das O. schlapp, pfeift er auf dem letzten Loch.
2. Mächtiges, dient vor allem der Fortpflanzung – der Schallwellen vom Teamkameraden zum Wettkämpfer, ein Vorgang, der gemeinhin Anfeuern genannt wird.

Orthopäde

Berühmter Talententdecker von Weltklasseschwimmern. Ob Spreizfuß, Wirbelsäulenschaden oder Gehfehler, die Universaltherapie Schwimmen erwies sich für so manches arme Würstchen als Gehhilfe für die ersten Schritte in einer ruhmreichen Laufbahn.

Ostsee

Tradition verpflichtet: 1793 erstes deutsches Seebad in Bad Doberan, 1903 erste deutsche Meeresmeisterschaft auf der Ostsee. In Kenntnis solcher wertvollen historischen Fakten avancierte die Ostseeküste ab 1961 für eine Zeitlang zum bestbewachten deutschen Strandabschnitt.

Otter

Profi unter den schwimmenden Säugetieren, mit Schwimmhäuten zwischen den Zehen und verschließbaren Ohren. Unter amateurhaften Zweibeinern, ohne verschließbare Ohren, hatte es 1884 Streit über die ersten Amateurregeln gegeben, worauf der „Otter Swimming Club“ aus dem britischen Nationalverband ausgetreten war. Kein Preisgeld und keinen sonstigen Gewinn sollte das Schwimmen einbringen. Da würden heute so manchem die weitgeöffneten Ohren schlackern.

P

Partnerübungen

In spielerischer Form praktiziert, dienen sie Anfängern zum Erlernen von Grundfertigkeiten des Schwimmens. Das hat solch nachhaltige Wirkung, daß P. später selbst von Fortgeschrittenen und Meistern noch mit Genuß betrieben werden – allerdings unter vier Augen.

Penunse

Auch: Kohle, Mäuse, Fleppen, Zaster usw. Oft notwendiges Utensil, um Einlaß ins Schwimmparadies zu erlangen. Ohne Moos nichts los, sagten sich schon um die Jahrhundertwende die Hausherren des Pforzheimer Hallenbades und verlangten ganz und gar nicht volkstümliche 40 Mark für die Monatskarte. Da zog es mancher vor, inwendig zu schwimmen, denn dafür gab's damals 400 Glas Bier.

Periodisierung

Einteilung des Wettkampfjahres in wichtige, noch wichtigere und ganz besonders wichtige Abschnitte, wonach sich Intensität und Methoden des Trainings richten. Der Aktive muß sich nicht unbedingt daran halten, wichtig ist allein, daß er immer gewinnt.

Pferde

Bei den alten Römern wurden in einer Art vormilitärischer Ausbildung selbst die Vierbeiner zum Schwimmunterricht verdonnert. Das besagte ein kaiserlicher Erlaß, der sogenannte Codex Theodosianus, vom 27. Mai 391. Aus dieser Zeit muß der Begriff Pferdekur stammen.

Pfütze

Von Selbstbewußtsein zeugende Bezeichnung für den Atlantik, geäußert von einem, der ihn schwimmend einhändig durchqueren will.

Pfütze

...ZUM TEUFEL MIT DIR! ...WIE OFT HABE ICH DIR SCHON GESAGT, DU SOLLST NICHT...

Profi

…ICH HAB'S „DA KOMMT BOSS DRAUF!
DAS BLEIBT ABER BIS INS HOHE ALTER!
West
TOMUS
SONY
Marlboro
Cartier
SEIKO
PHILIP MORRIS
adidas

Platon	Griechischer Philosoph, der sich dafür aussprach, nur solchen Leuten ein Amt zu geben, die des Lesens und Schwimmens kundig seien. Denn damals galt bei den Griechen ein Mensch, der diese beiden Fertigkeiten nicht beherrschte, als ein Tölpel. Am Fehlen einer der beiden Voraussetzungen würde heute keine Karriere mehr scheitern, schwimmen jedoch sollte ein Politiker unbedingt können – so oft, wie ihm das Wasser bis zum Hals steht!
Pool	Sprich: Puhl. So wird ein Schwimmbecken genannt, das mehr als 10000 Mark gekostet hat. In Hotels gibt es grundsätzlich nur Puhls, auch wenn sie mehr einem Planschbecken ähneln.
Pranken	Groß dimensionierte Vortriebsschaufeln, auch unter dem Begriff „Klosettdeckel“ bekannt.
Profi	Einer, der sich nach dem Sieg die Badehose runterreißt und sie so in die Kamera hält, daß das Firmenlogo nicht zu übersehen ist.
Prusten	1. Blubberndes Siegesgeräusch auf Wasserspiegelhöhe, soll heißen: „Euch hab’ ich’s gegeben!“ 2. Ständiger Kampf des ermattenden Schwimmers gegen eindringendes Wasser. Siegt H_2O, siehe Schluckauf.

Q

quabbelig	Zustand einer götterspeisenähnlichen Massenbewegung, die äußerst wärmeisolierend wirkt. Weshalb Meeresschwimmer nicht unbedingt Diät halten müssen.
Quaddel	Juckende Quittung für das Baden in Rhein oder Ruhr oder Oder ... (hier können beliebig weitere Flüsse in Industriestandorten hinzugefügt werden).
Qualifikation	Abgeleitet von Qual; unmenschliches Verfahren, bei dem der Schwächere auf der Strecke bleibt.
Qualität – Quantität	Dialektische Beziehung in der Philosophie, nach der eine quantitative Erhöhung der Trainerstellen zu einer neuen Qualität der Schwimmer führen müßte. Hat selbst in der DDR kaum geklappt.
Qualle	Nesseltier mit hohem Unterhaltungswert. Die flexible Gallertmasse eignet sich vorzüglich zum geselligen Wurf- und Fangspiel, und heimlich in den Badeanzug gesteckt, kann der junge Charmeur bei seiner Angebeteten damit umwerfende Wirkung erzielen.
Quantentheorie	Die Lehre von den großen Füßen. Wie so manches Geniale auf eine einfache Formel gebracht: Je größer, desto schwimmt.
Querbahnschwimmen	Günstige Verkehrsrichtung für Anfänger. Grundsatz bei Kollisionsgefahr mit Längsbahnschwimmern: von rechts hat Vorfahrt.

Qualle
FEUER!

Rettungsring

R

Rasur — Verfahren, mit dem sich aalglatte Typen Vorteile im Hundertstelsekundenbereich erhoffen. Denn die Körperhaare bilden angeblich im Wasser kleine bremsende Wirbel. Womit erwiesen wäre, daß auch Schwimmer zu den Wirbeltieren gehören.

Rausch — Zustand eines Sportlers nach zwei olympischen Siegen oder drei doppelten Grogs. Emil Rausch, mit zweimal Gold und einmal Bronze erfolgreichster deutscher Olympionike 1904, kennt beide Gefühle.

Reigenschwimmen — Händchenhalten im Wasser, was nach der Jahrhundertwende in Deutschland von Männern (schau an, schau an!) aufgebracht wurde. Zur Blüte führten es aber die kunstsinnigen Frauen mit dem auch bei Olympia präsenten Synchronschwimmen. Das heißt nicht deshalb so, weil die Dialoge der Sportlerinnen bei Fernsehübertragungen deutsch synchronisiert werden, sondern weil die Bewegungen synchron zur Musik erfolgen sollen.

Rekord — So heißt eine Gottheit, die alle anbeten. Besonders Journalisten, damit sie Stoff für ihre Geschichten, und Veranstalter, damit sie jede Menge Zuschauer und Fernsehverträge bekommen.

Rettungsring — Fettgewebeverdickung in der Hüftgegend, was einen Schwimmer unter Umständen in den Status der Unsinkbarkeit erhebt.

Rothaut — Bleichgesicht, das im Strandbad zu lange gegrillt wurde.

Rückenkraul Lieblingsbeschäftigung männlicher Badegäste bei der Sonnenölprozedur mit Partnerin. Das Gegenteil: Brustkraul.

rumpaddeln Für einen Schwimmer ähnlich diskriminierende Bemerkung wie „klimpern“ für einen Pianisten: Nur, daß der Pianist besser bezahlt wird.

rutschen Universalkommentar auf die Reporterfrage, wie sich eine/einer diesen imponierenden Sieg erkläre. „Es rutschte gut“, lautet stets die umfassende Antwort. Soll heißen: Wasserlage und Mittagessen, Physis und Wetterbericht, Schwimmtechnik und Nachtschlaf, Tempogefühl und Luftfeuchtigkeit – eben alles stimmte und kulminierte in einem maximalen Erfolgserlebnis.

S

Schlag Grundprinzip der Bewegungslehre im Wasser. Man kennt den Arm- und Beinschlag, den Wechselschlag, Grätschschlag oder Rückengleichschlag. Weniger wirksam im gnadenlosen Kampf mit dem Konkurrenten ist der Rundumschlag, der höchstens zum Schlaganfall beim Trainer führt und somit einem Schlag ins Wasser gleichkommt.

Schleppnetz Badeanzug, in dem sich aufgrund allzu hochelastischen Materials das Wasser in der Po-Ebene wie in einem Beutel staut. Gut als Sitzkissen zu gebrauchen.

Schluckauf Die Folge von Schluckab, was vorkommt, wenn die Atemtechnik nicht beherrscht wird und Wasser in die Kehle gerät. „Absaufen“ nennt das der Fachmann. Letzteres und

Schleppnetz

Schmetterling

der Schluckauf sind nicht selten bei feuchtfröhlichen Trainer-Feten nach Feierabend zu beobachten.

Schmetterling Auch „Butterfly“ (Butterfliege) genannt. Sinnige Bezeichnung für eine Disziplin, die mit einem Schmetterling soviel zu tun hat, daß sie ebensogut „Eule“ oder „Fledermaus“ heißen könnte.

Seife Fremdwort für jeden Schwimmer bis vierzehn.

Spanischstoß Antiquierter Stil, der angeblich durch spanische Matrosen von Südamerika nach Europa gebracht wurde. In Wahrheit tat das 1875 der englische Maschinenschlosser Trudgen. Den Deutschen allerdings in ihrer bescheidenen nationalen Gesinnung kamen solche Importe ohnehin spanisch vor.

Spieltrieb Bei Erwachsenen latent vorhandener Drang, in Wassernähe Dinge zu tun, die ihren kreativen Hang zu Höherem erkennen lassen – z. B. Burgen und Staudämme bauen.

Spitzmarke 1. Fachausdruck für in Zeitungen halbfett gedruckte Hervorhebungen zu Beginn eines Satzes.
2. Verkehrt gedruckte Hervorhebung von Mark Spitz (USA), dem mit neun Gold- sowie je einer Silber- und Bronzemedaille erfolgreichsten Schwimm-Olympioniken aller Zeiten.

Staffel Arbeitsteilung im Quartett auf Freistil- und Lagendistanzen. Wobei der erste Schwimmer das Privileg genießt, einen Weltrekord markieren zu dürfen, und der letzte, den Sieg zu retten. Die beiden mittleren können entweder nichts dafür oder sind an allem schuld.

Tauchen

Startsprung Schreckhafte Reaktion auf einen Pistolenknall, 1912 erstmals beobachtet.

Strandburg Architektonische Meisterleistung eines deutschen Ost- oder Nordseeurlaubers. Nach dem Motto „My castle is my home“ wird die Feste verbissen gegen alle Angreifer verteidigt.

T

Taguchi-Kick Unorthodoxer Stil, mit dem der Olympiasieger von 1972 und Ex-Weltrekordler im Brustschwimmen Nobutaka Taguchi für Furore sorgte. Er schwamm mit Brustarmzug und wellenförmiger Hüft-Bein-Bewegung, vorn Frosch, hinten Delphin. Aber eigentlich war er Japaner.

Tarzan Affenmensch, der in den 30er und 40er Jahren in zwölf Verfilmungen vom fünffachen Olympiasieger und 22fachen Weltrekordler Johnny Weissmuller (USA) dargestellt wurde. Berühmt war sein tierischer Dschungelschrei, noch heute Vorbild für jeden echten Fan.

Tauchen Fortbewegung unter Wasser, die im Schwimmen nur vermittels eines Armzuges nach Startsprung oder Wende statthaft ist. Bleibt einer länger unter Wasser, greift entweder der Kampfrichter oder der Rettungsschwimmer ein.

Tausendstel Differenz von Streichholzkopfformat, die bei den Olympischen Spielen 1972 über 400 m Lagen zwischen Gold und Silber entschied. Zugunsten des Schweden Gunnar

Larsson, der lediglich zwei Tausendstel schneller war als der US-Amerikaner McKee. Das empfand die ganze Welt als so ungerecht, daß seitdem nur noch bis auf die Hundertstelsekunde gemessen wird.

Tichysche Frösche Keine exotische Lurchart, sondern älteste urkundlich belegte deutsche Schwimmvereinigung (gegründet 1840), die – benannt nach dem Hallenser Lehrer Tichy – vor allem das Wasserspringen zu einer Kunst ausbildete.

Toter Mann Auf dem Rücken dahintreibende Pseudo-Leiche, stets maskulinen Geschlechts, da eine Frau nicht so lange ruhig sein könnte.

Trainer Erkennt man daran, daß sie immer mit langer Trainingshose, T-Shirt, Badelatschen und 'ner Stoppuhr um den Hals am Beckenrand rumlaufen und beim Blick auf die Zwischenzeit ihres Schützlings jauchzend frohlocken oder sich das Leben nehmen.

Trockenschwimmen Swimming-Pool-Party ohne Getränkeausschank. Davon abgeleitet „Trockendock“ für einen Entziehungskuraufenthalt.

Tropenklima Herrscht in jeder Halle, denn Schwimmer lieben's heiß. Die sensiblen Seelchen brauchen mindestens 28 Grad Wassertemperatur, dann wird das Naß als „weich“ empfunden, so daß man sich gut „abdrücken“ kann. Wasser unter 28 Grad ist demzufolge nicht nur „hart“, sondern auch eine Zumutung.

Tropenklima

U

Übereifer	Wenn einer am Startblock eher weg will als die anderen. Kann zur Disqualifikation führen, woran man wieder mal sieht: Ü. schadet nur.
Überlaufrinne	Wenn nicht verstopft, soll sie am Beckenrand als Wellenbrecher fungieren und für eine ruhige Wasseroberfläche sorgen. Nützt allerdings nichts, wenn nach Ansicht des aufsichtsführenden Bademeisters das Maß bis zum Überlaufen voll ist.
übertrainiert	Ist einer, der zur Kreismeisterschaft begeistert Weltrekord und zur Weltmeisterschaft entgeistert im Kreis schwimmt.
Ulknudel	Hofnarr einer Mannschaft, muß im Auftrag des Trainers für leistungsfördernde Stimmung sorgen. Heißt in Italien Ulkspaghetti.
Umwälzanlage	Eigentlich technischer Apparat zur Wassererneuerung in Schwimmbecken; jedoch wesentlich bekannter als Mechanismus, der sich sonnende Athleten stündlich behutsam von der Bauch- in die Rückenlage und zurück befördert (auch Drehrost genannt).
unfair	wäre es beispielsweise, einem Flossenschwimmer den Schnorchel mit Kaugummi zu verkleben. Und fair, ihm noch was übrig zu lassen.
Unterricht	Nachdem Kaiser Wilhelm II. auf der Suche nach strammen Soldaten nur schlappe Burschen vorfand und diesen Zustand 1890 auf der Schulkonferenz entsprechend gei-

Ulknudel

Verbote

ßelte, wurde in den Folgejahren der Schwimmunterricht in die deutschen Lehrpläne aufgenommen. 1897 war er in Bautzen sogar an der Volksschule obligatorisch – untertänigste Pflicht gewissermaßen.

Urinoko

Gängige Kennzeichnung für ein Badegewässer, das zu häufig der menschlichen Erleichterung diente. Bereits 1904 mußte der Reichstag eine Eingabe behandeln, die die Verseuchung der deutschen Flüsse durch Urinieren zum Gegenstand hatte. Mit zunehmender Zahl von öffentlichen Bäder-Toiletten übernahm die Chemieindustrie die Verseuchungsfunktion, weshalb auch 1939 erstmals die Meisterschaft „Quer durch Berlin“ in der Spree verboten werden mußte.

Urkunde

Amtliche Bestätigung sportlicher Ruhmestat, mit deren Hilfe man im Fundbüro oder in der Pfandleihe befindliche Medaillen und Pokale wieder auslösen kann.

V

Verbote

Haben noch nie viel genützt. Im Jahr 745 gab's das erste kirchliche Verbot des Flußbadens, in den Badestuben des Mittelalters durften anfangs nicht mal Eheleute gemeinsam planschen, im 16./17. Jahrhundert drohte öffentlich Badenden sogar die Gefängnisstrafe, und noch im 19. Jahrhundert wurde das Schwimmen in deutschen Flüssen und Seen untersagt. Mal durfte man hier nicht ohne Badekappe, mal da nicht ohne alles schwimmen, mal hier nicht vom Beckenrand und mal da nicht von einer Brücke springen; das einzige, was nie verboten war: nicht zu schwimmen.

Verdrängung

Jeder schwimmende Körper verdrängt Wasser. Je weniger, desto besser ist sein Vorwärtskommen. Verständlich, warum so richtige Dickerchen nie Weltmeister werden. Weil sie zwar Wasser, aber eins nie verdrängen können – ihren Appetit auf Sahnetorte.

Verdunklungsgefahr

Besteht dann, wenn beim Wettkampf oft recht zwielichtige Gestalten Richtung Startblock marschieren: dicker, langer Bademantel, Wollstrümpfe, Sweat- und T-Shirt, Handschuhe, Schal und Pudelmütze. Nach einer Ermahnung des Kampfrichters, ihre Identität preiszugeben, kommt ihr wahres Ansinnen zum Vorschein – Striptease.

V-Figur

V wie völlig verkorkste Körperlinie mit unästhetisch verbreitertem Schultergürtel, eingefallener Bauchpartie und einem mickrigen Schmalstück von Hüfte, von den Stelzen darunter gar nicht zu reden. Positives Gegenstück ist die T-Figur, T wie Tropfen.

Vipratox

Geruchsintensives Einreibemittel bei Muskelbeschwerden. Enthält Schlangengift, deshalb für Frauen besonders geeignet.

Volksbäder

„Jedem Deutschen wöchentlich ein Bad", lautete voriges Jahrhundert eine Losung fortschrittlicher Wissenschaftler, woraufhin 1873 der „Berliner Verein für Volksbäder" gegründet wurde. Mitglied war auch der berühmte Pathologe Prof. Rudolf Virchow, der die Theorie vertrat, daß

Verdrängung
...BLEIB DOCH NOCH'N BISSCHEN!
Pkug

Vorschulschwimmer

Zellen nur aus Zellen entstehen können. Und so erfand er die Badzelle in den Beton-Wohnsilos.

Vorschulschwimmen Löblicher Einsatz von Schulkindern, die täglich jeweils vor dem Unterricht ihren ängstlichen Eltern diskret das Schwimmen beizubringen versuchen.

W

Walkman Lärmschutz für sensible Gemüter, die sich, in einer Ecke sitzend, der Wettkampfhektik zu entziehen suchen. Aufgrund des in diesen Kreisen häufig zu beobachtenden Abschottungsgebarens ist auch der Begriff Swimman angebracht.

Wassertreten Hydrotherapeutischer Ringelpiez in kaltem Wasser. Wird in seiner Wirkung für den Blutkreislauf nur noch vom Sauerkrautstampfen übertroffen.

Wellenbad in der Menge. Berauschendes Ereignis für einen mexikanischen Lokalmatador, wenn ihm zu Ehren auf den Rängen die La-Ola-Welle kreist.

Weltmeistertitel Was unterscheidet den Fußball- vom Schwimmweltmeister? – Die Vermögenssteuer.

Wende Die eigentlichen Väter der deutschen Revolution vom Oktober ’89 sind die Schwimmer. Seit Jahr und Tag stoßen jene nämlich in ihrem progressiven Streben auf unüberwindliche Barrieren und müssen, beobachtet von argwöhnischen Kontrolleuren (Stasi!), geschickt Kurskorrekturen vornehmen, ohne einen Wendehals zu kriegen. Von diesem Widerstand inspiriert, riß die DDR-Bevölkerung Betonbarrieren nieder, woraufhin das Politbüro baden ging.

Westminster Bekannt durch Abbey, Piccadilly und Buckingham Palace, weniger durch das sogenannte „Lords and Commons Race“, einem 1877 eingeführten 8 bis 9,5 km langen Wettbewerb auf der Londoner Themse, für den die Parlamentsmitglieder einen wertvollen Pokal gestiftet hatten. Um bei der Übergabe nicht so weit laufen zu müssen, legten sie das Ziel in die Nähe des Parlaments, nämlich nach Westminster. Gong!

Wießner, Kurt Haßte Drill und Herzlosigkeit, deshalb entwickelte der Leipziger Pädagoge 1924 eine völlig neue Lehrmethode, wie Kinder in spielerischer Form, ohne künstliche Hilfsmittel und durch allmähliche Wassergewöhnung schwimmen lernen können. Hat sich leider bis heute noch nicht bei allen Eltern herumgesprochen.

Wikinger Seeräuberisches Volk im Norden, deren Verdienst es ist, der Nachwelt außer den gehörnten Helmen die älteste germanische Abbildung einer Wechselbeinschlagtechnik hinterlassen zu haben. Die bildliche Darstellung eines normannischen Seegefechts zeigt einen derart schwimmenden Krieger, was zudem beweist, daß selbst Wikinger mit ihren Booten nicht unschlagbar waren.

Wikinger
...HAST DU SCHON BEMERKT, DASS SICH DIESE KÜHE GAR NICHT BEWEGEN?

X

Xanthippe	Zänkisches weibliches Wesen in jeder dritten Trainingsgruppe. Wird zumeist schon durch kurzzeitiges Untertauchen zum Schweigen gebracht. Hilft das nicht, ist es für jeden betroffenen Halbwüchsigen zumindest eine gute Schule für die Ehe.
X-Beine	Eine Gnade der Geburt. Vortrefflich geeignet für das Brustschwimmen, da die Unterschenkel, die den stärksten Vortrieb erzielen sollen, schön weit auseinandergeklappt werden können. Außerdem bieten X-B. auf gefliestem Untergrund besseren Halt.
Xylophon	Ungewöhnliches Instrument im Konzert der Fan-Klubs am Beckenrand. Es ist neben Fanfaren, Trommeln und Topfdeckeln etwa so selten vertreten wie Klanghölzer und Triangel.

Y

Yard	Anglo-amerikanisches Längenmaß, das anfangs bei internationalen Schwimmwettkämpfen die Distanzen bestimmte, bis es 1908 vom Meter-System abgelöst wurde. Fortan schwamm man statt 100 yd die 100 m, also glatte 8,56 cm weiter.
Yellow Submarine	Berühmter Titel der Beatles, an den der Trainer erinnert wird, wenn sein Schützling im gelben Badeanzug die

Xanthippe
...SO, SO DAS NENNEN WIR SCHWIMMEN, HÄ!
FRAU IM GLÜCK

Yoga

sogenannte U-Boot-Lage strapaziert, also zu tief im Wasser liegt.

Yen Wachstumsbeschleuniger für einen japanischen Athleten, der angesichts einer versprochenen vierstelligen Summe dieser drei Buchstaben glatt über sich hinauswächst, um Medaillen und Rekorde zu ergattern. Der gleiche Effekt ist u. U. auch andernorts mit Mark, Dollar oder Schweizer Franken zu erzielen.

Yoga Religiös motivierte Gymnastik, die über eine Anspannung des Geistes zu tiefer innerer Einsicht und zu Gleichmut gegenüber allen äußeren Einflüssen führen soll. Deshalb verpaßt ein schwimmender Yogi meist seinen Wettkampf.

Yohimbe-Extrakt Gilt als Muntermacher in Liebesdingen, muß also nicht unbedingt vor dem Schwimmen eingenommen werden.

Youngster Abgeleitet von young wie jung, also im Schwimmen das Gegenteil von Nestor oder (falls über 25) alter Knacker.

Z

Zacharias, Georg Letzter Name in diesem Alphabet, aber erster Deutscher, der einen Weltrekord markierte – 1904 über 500 m Brust in 8:30,6 min.

Zehntelsekunde Mit ihr versah man erstmals bei den Olympischen Spielen 1932 die Resultate, vorher reichte zur Unterscheidung die Fünftelsekunden-Messung. Die Kampfrichter wurden eben immer pingeliger.

Zeitnehmer

Zeichensprache	Geheimcode zwischen Trainer und dem im Wettkampf strampelnden Aktiven. Die Faust des Betreuers heißt: „Du liegst gut entsprechend unserem Zeitplan." Einen, zwei oder drei Finger nach oben gerichtet, bedeutet eine, zwei oder drei Sekunden zu schnell, nach unten gerichtet, entsprechend zu langsam. Reichen beim Sekundenrückstand die zehn Finger nicht mehr aus, faßt sich der Trainer nur noch mit beiden Händen verzweifelt an den Kopf.
Zeitmeßanlage	Elektronisches Gerät, das über Glück und Unglück, Fähigkeit und Unfähigkeit, Euphorie und Depression, Triumph und Schmach sowie über den Marktwert entscheidet.
Zeitnehmer	1. Sportler, der sich im Training und beim Umziehen immer unheimlich viel Zeit nimmt. 2. Kampfrichter, der zur Kontrolle per Hand an der ihm zugeteilten Bahn die Zeit stoppt und bei Langstrecken als Hoffnungssignal für den Schwimmer vor den letzten 100 m akustisch in Erscheinung tritt – als Pfeife.
Zeter und Mordio	Spezialschrei sehr kleiner Menschen, wenn sie ohne ihr Einverständnis mit – igittigitt – kaltem Wasser Bekanntschaft schließen. Beliebte Phonetik-Show an Urlaubsstränden.
Zug	Irgendeinen Zug bevorzugt der Schwimmer immer: im Becken den Arm- oder Tauchzug, beim Training den Rückzug, bei Hitze den Durchzug, auf Reisen den D-Zug, bei Mietrückstand den Umzug, in der Kneipe den Zug aus der Flasche oder in der Disko den Lungenzug. Nur eins geht nimmer: alles zug-leich.

BN 3–8231–0135–8

ISBN 3–8231–0543–4

ISBN 3–8231–0126–9

ISBN 3-8231-0176-5

ISBN 3–8231–0166–8

BN 3–8231–0139–0

ISBN 3–8231–0116–1

ISBN 3–8231–0173–0

ISBN 3–8231–0177–3

ISBN 3–8231–0105–6

BN 3–8231–0138–2

Fröh·li·che Wör·ter·bü·cher von A bis Z

ISBN 3–8231–0136–6

BN 3–8231–0159–5

ISBN 3-8231-0179-X

ISBN 3–8231–0110–2

ISBN 3–8231–0162–5

ISBN 3-8231-0181-1

BN 3-8231-0545-0

ISBN 3–8231–0101–3

ISBN 3–8231–0120–X

ISBN 3–8231–0137–4

ISBN 3–8231–0121–8

ISBN 3-8231-0152-8

ISBN 3-8231-0157-9

ISBN 3-8231-0122-6

ISBN 3-8231-0144-7

ISBN 3-8231-0114-5

ISBN 3-8231-0113-7

ISBN 3-8231-0541-8

ISBN 3-8231-0554-2

ISBN 3-8231-0107-2

ISBN 3-8231-0128-5

ISBN 3-8231-0112-9

ISBN 3-8231-0542-6

ISBN 3-8231-0149-8

ISBN 3-8231-0546-9

ISBN 3-8231-0147-1

ISBN 3-8231-0187-0

ISBN 3-8231-0167-6

ISBN 3-8231-0540-X

ISBN 3-8231-0129-3

ISBN 3-8231-0143-9

ISBN 3-8231-0168-4

ISBN 3-8231-0119-6

ISBN 3-8231-0123-4

ISBN 3-8231-0134-X

ISBN 3-8231-0154-4

ISBN 3–8231–0163–3

ISBN 3–8231–0164–1

ISBN 3–8231–0169–2

ISBN 3–8231–0170–6

ISBN 3–8231–0124–2

ISBN 3-8231-0539-6

ISBN 3–8231–0140–4

ISBN 3-8231-0538-3

ISBN 3-8231-0185-4

ISBN 3–8231–0117–X

ISBN 3–8231–0171–4

Fröh·li·che Wör·ter·bü·cher von A bis Z

ISBN 3–8231–0156–0

ISBN 3–8231–0109–9

ISBN 3–8231–0175–7

ISBN 3–8231–0172–2

ISBN 3-8231-0535-3

ISBN 3-8231-0174-9

ISBN 3-8231-0537-X

ISBN 3–8231–0111–0

ISBN 3-8231-0536-1

ISBN 3-8231-0183-8

ISBN 3-8231-0184-6

ISBN 3–8231–0151–X

ISBN 3–8231–0130–7

ISBN 3–8231–0158–7

ISBN 3–8231–0125–0

ISBN 3–8231–0131–5

ISBN 3-8231-0530-2

ISBN 3-8231-0531-0

ISBN 3–8231–0141–2

ISBN 3–8231–0150–1

ISBN 3–8231–0145–5

ISBN 3–8231–0146–3

ISBN 3–8231–0115–3

ISBN 3-8231-0178-1

ISBN 3–8231–0118–8

ISBN 3–8231–0103–X

ISBN 3–8231–0155–2

ISBN 3–8231–0161–7

ISBN 3–8231–0160–9

ISBN 3–8231–0132–3

ISBN 3–8231–0133–1

ISBN 3–8231–0148–X

ISBN 3–8231–0142–0

ISBN 3-8231-0186-2

ISBN 3–8231–0547–7

TOMUS-Bücher machen Spaß